En mémoire de :

_____

_____

Photo

Nom	Adresse	Message

Nom	Adresse	Message

Nom	Adresse	Message
	_____	_____
	_____	_____
	_____	_____
	_____	_____
	_____	_____
	_____	_____

Nom	Adresse	Message

Nom	Adresse	Message
	_____	_____
	_____	_____
	_____	_____
	_____	_____
	_____	_____
	_____	_____

Nom	Adresse	Message

Nom	Adresse	Message
	_____	_____
	_____	_____
	_____	_____
	_____	_____
	_____	_____
	_____	_____

Nom	Adresse	Message

Nom	Adresse	Message

Nom	Adresse	Message

Nom	Adresse	Message
	_____	_____
	_____	_____
	_____	_____
	_____	_____
	_____	_____
	_____	_____

Nom	Adresse	Message

Nom	Adresse	Message
	_____	_____
	_____	_____
	_____	_____
	_____	_____
	_____	_____
	_____	_____

Nom	Adresse	Message

Nom	Adresse	Message
	_____	_____
	_____	_____
	_____	_____
	_____	_____
	_____	_____
	_____	_____

Nom	Adresse	Message

Nom	Adresse	Message
	_____	_____
	_____	_____
	_____	_____
	_____	_____
	_____	_____
	_____	_____

Nom	Adresse	Message

Nom	Adresse	Message

Nom	Adresse	Message

Nom	Adresse	Message
	_____	_____
	_____	_____
	_____	_____
	_____	_____
	_____	_____
	_____	_____

Nom	Adresse	Message

Nom	Adresse	Message
	_____	_____
	_____	_____
	_____	_____
	_____	_____
	_____	_____
	_____	_____

Nom	Adresse	Message

Nom	Adresse	Message
	_____	_____
	_____	_____
	_____	_____
	_____	_____
	_____	_____
	_____	_____

Nom	Adresse	Message

Nom	Adresse	Message
	_____	_____
	_____	_____
	_____	_____
	_____	_____
	_____	_____
	_____	_____

Nom	Adresse	Message

Nom	Adresse	Message
	_____	_____
	_____	_____
	_____	_____
	_____	_____
	_____	_____
	_____	_____

Nom	Adresse	Message

Nom	Adresse	Message
	_____	_____
	_____	_____
	_____	_____
	_____	_____
	_____	_____
	_____	_____

Nom	Adresse	Message

Nom	Adresse	Message

Nom	Adresse	Message

Nom	Adresse	Message
	_____	_____
	_____	_____
	_____	_____
	_____	_____
	_____	_____
	_____	_____

Nom	Adresse	Message

Nom	Adresse	Message

Nom	Adresse	Message

Nom	Adresse	Message
	_____	_____
	_____	_____
	_____	_____
	_____	_____
	_____	_____
	_____	_____

Nom	Adresse	Message

Nom	Adresse	Message
	_____	_____
	_____	_____
	_____	_____
	_____	_____
	_____	_____
	_____	_____

Nom	Adresse	Message

Nom	Adresse	Message

Nom	Adresse	Message

Nom	Adresse	Message

Nom	Adresse	Message

Nom	Adresse	Message
	_____	_____
	_____	_____
	_____	_____
	_____	_____
	_____	_____
	_____	_____

Nom	Adresse	Message

Nom	Adresse	Message

Nom	Adresse	Message

Nom	Adresse	Message
	_____	_____
	_____	_____
	_____	_____
	_____	_____
	_____	_____
	_____	_____

Nom	Adresse	Message

Nom	Adresse	Message
	_____	_____
	_____	_____
	_____	_____
	_____	_____
	_____	_____
	_____	_____

Nom	Adresse	Message

Nom	Adresse	Message
	_____	_____
	_____	_____
	_____	_____
	_____	_____
	_____	_____
	_____	_____

Nom	Adresse	Message

Nom	Adresse	Message
	_____	_____
	_____	_____
	_____	_____
	_____	_____
	_____	_____
	_____	_____

Nom	Adresse	Message

Nom	Adresse	Message

Nom	Adresse	Message

Nom	Adresse	Message

Nom	Adresse	Message

Nom	Adresse	Message
	_____	_____
	_____	_____
	_____	_____
	_____	_____
	_____	_____
	_____	_____

Nom	Adresse	Message

Nom	Adresse	Message

Nom	Adresse	Message

Nom	Adresse	Message
	_____	_____
	_____	_____
	_____	_____
	_____	_____
	_____	_____
	_____	_____

Nom	Adresse	Message

Nom	Adresse	Message

Nom	Adresse	Message

Nom	Adresse	Message

Nom	Adresse	Message

Nom	Adresse	Message
_____	_____	_____
_____	_____	_____
_____	_____	_____
_____	_____	_____
_____	_____	_____
_____	_____	_____

Nom	Adresse	Message

Nom	Adresse	Message

Nom	Adresse	Message

Nom	Adresse	Message
	_____	_____
	_____	_____
	_____	_____
	_____	_____
	_____	_____
	_____	_____

Nom	Adresse	Message

Nom	Adresse	Message
	_____	_____
	_____	_____
	_____	_____
	_____	_____
	_____	_____
	_____	_____

Nom	Adresse	Message

Nom	Adresse	Message
	_____	_____
	_____	_____
	_____	_____
	_____	_____
	_____	_____
	_____	_____

Nom	Adresse	Message

Nom	Adresse	Message
	_____	_____
	_____	_____
	_____	_____
	_____	_____
	_____	_____
	_____	_____

Nom	Adresse	Message

Nom	Adresse	Message

Nom	Adresse	Message

Nom	Adresse	Message

Nom	Adresse	Message

Nom	Adresse	Message
	_____	_____
	_____	_____
	_____	_____
	_____	_____
	_____	_____
	_____	_____

Nom	Adresse	Message

Nom	Adresse	Message

Nom	Adresse	Message

Nom	Adresse	Message
	_____	_____
	_____	_____
	_____	_____
	_____	_____
	_____	_____
	_____	_____

Nom	Adresse	Message

Nom	Adresse	Message

Nom	Adresse	Message

Nom	Adresse	Message
	_____	_____
	_____	_____
	_____	_____
	_____	_____
	_____	_____
	_____	_____

Nom	Adresse	Message

Nom	Adresse	Message
	_____	_____
	_____	_____
	_____	_____
	_____	_____
	_____	_____
	_____	_____

Nom	Adresse	Message

Printed by Amazon Italia Logistica S.r.l.
Torrazza Piemonte (TO), Italy